ΑΊΛΟΥΡΟΣ

Илья Каминский

Музыка народов ветра

Избранные стихотворения

Перевод с английского
Анастасии Афанасьевой

Ailuros Publishing
New York
2012

Ilya Kaminsky
Selected Poems
Translated by Anastasia Afanasieva

Ailuros Publishing
New York
USA

Подписано в печать 3 мая 2012 г.

Художник обложки — Ирина Глебова.
Верстка, дизайн обложки: Елена Сунцова.

Прочитать и купить книги издательства Елены Сунцовой «Айлурос» можно на его официальном сайте: www.elenasuntsova.com

Poems, copyright © 2012 by Ilya Kaminsky. All rights reserved.
Reprinted by Ailuros Publishing with permission of the author.
Translations, copyright © 2012 by Anastasia Afanasieva. All rights reserved.

ISBN 978-0-9838762-8-1

Ilya Kaminsky

Author's Prayer

If I speak for the dead, I must leave
this animal of my body,

I must write the same poem over and over,
for an empty page is the white flag of their surrender.

If I speak for them, I must walk on the edge
of myself, I must live as a blind man

who runs through rooms without
touching the furniture.

Yes, I live. I can cross the streets asking «What year is it?»
I can dance in my sleep and laugh

in front of the mirror.
Even sleep is a prayer, Lord,

I will praise your madness, and
in a language not mine, speak

of music that wakes us, music
in which we move. For whatever I say

is a kind of petition, and the darkest
days must I praise.

Молитва автора

Чтобы говорить от имени мертвых, я должен оставить
животную сущность собственного тела,

я должен сочинять одно и то же стихотворение снова и снова,
ибо чистый лист — это белый флаг капитуляции перед ними.

Чтобы говорить за них, я должен пройти по границе
себя самого, я должен жить, как слепой,

бегущий по комнатам,
не задевая мебели.

Да, я живу. Я могу переходить улицы, спрашивая: «Какой теперь год?»
Я могу танцевать во сне и смеяться

перед зеркалом.
Даже сон — это молитва, Господи,

я буду воспевать твое безумие, и,
на чужом языке, говорить

о музыке, что пробуждает нас, музыке,
внутри которой мы движемся. Ибо что бы я ни говорил —

это в своем роде прошение или молитва, и самые темные
дни должен я прославлять.

ТАНЦУЯ В ОДЕССЕ

In Praise of Laughter

Where days bend and straighten
in a city that belongs to no nation
but all the nations of wind,

she spoke the speech of poplar trees —
her ears trembling as she spoke, my Aunt Rose
composed odes to barbershops, drugstores.

Her soul walking on two feet, the soul or no soul, a child's allowance,
she loved street musicians and knew
that my grandfather composed lectures on the supply

and demand of clouds in our country:
the State declared him an enemy of the people.
He ran after a train with tomatoes in his coat

and danced naked on the table in front of our house —
he was shot, and my grandmother raped
by the public prosecutor, who stuck his pen in her vagina,

the pen which signed people off for twenty years.
But in the secret history of anger — *one man's silence*
lives in the bodies of others — as we dance to keep from falling,

between the doctor and the prosecutor:
my family, the people of Odessa,
women with huge breasts, old men naive and childlike,

all our words, heaps of burning feathers
that rise and rise with each retelling.

Похвала смеху

Там, где сгибаются и выпрямляются дни,
в городе, не принадлежащем ни одному народу,
кроме всех народов ветра,

она говорила на языке тополей —
ее уши дрожали, когда она говорила, тетя Роза
слагала оды парикмахерским и аптекам.

Ее идущая на двух ногах душа, или не душа, пособие на ребенка,
она любила уличных музыкантов и знала,
что мой дедушка писал лекции о спросе

и предложении на облака в нашей стране;
Государство объявило его врагом народа.
Он бежал вслед за поездом с помидорами в плаще

и танцевал голым на столе перед нашим домом —
его расстреляли, а бабушку изнасиловал
прокурор, воткнувший свою ручку ей во влагалище,

ручку, что списывала людей на двадцать лет.
Но в тайной истории ярости — *молчание одного человека
живет в телах других* — пока мы танцуем, чтобы избежать падения,

между врачом и прокурором:
моя семья, жители Одессы,
полногрудые женщины, старики — наивные, будто дети,

все наши слова — куча горящих перьев,
что становится больше и больше с каждым пересказом.

Maestro

What is memory? what makes a body glow:
an apple orchard in Moldova and the school is bombed

when the schools are bombed, sadness is forbidden
— I write this now and I feel my body's weight:

the screaming girls, 347 voices
in the story of a doctor saving them, his hands

trapped under a wall, his granddaughter dying nearby
she whispers *I don't want to die, I have eaten such apples,*

he watches her mouth as a blind man reading lips
and yells: *Shut up! I am near the window, I*

am asking for help! speaking,
he cannot stop speaking, in the dark:

of Brahms, Chopin he speaks to them to calm them.
A doctor, yes, whatever window

framed his life, outside: tomatoes grew, clouds passed and we
once lived; a doctor with a tattoo of a parrot on his trapped arm,

seeing his granddaughter's cheekbones
no longer her cheekbones, with surgical precision

stitches suffering and grace:
two days pass, he shouts

in his window (there is no window) when rescue
approaches, he speaks of Chopin, Chopin.

They cut off his hands, nurses say he is «doing OK»
— in my dream: he stands, feeding bread to pigeons, surrounded

by pigeons, birds on his head, his shoulder,
he shouts *You don't understand a thing!* he is

breathing himself to sleep, the city sleeps,
there is no such city.

Маэстро

Что такое память? Из-за нее тело накаляется и горит:
бомбят яблочный сад и школу в Молдове

во время бомбежки школ грустить запрещено
— я пишу это и чувствую вес собственного тела:

кричащие девочки, 347 голосов
в рассказе спасающего их врача, его руки

сдавлены обрушившейся стеной, его внучка, умирающая неподалеку,
шепчет *я не хочу умирать, я съела такие вкусные яблоки*

он смотрит на ее рот, как читающий по губам слепой,
и кричит: *Замолчи! Я возле окна, я*

зову на помощь! Говорить,
он не может прекратить говорить, в темноте,
он рассказывает о Брамсе, Шопене, пытаясь их успокоить.
Врач, какое бы окно

ни обрамляло его жизнь: снаружи росли помидоры, проплывали облака, мы
однажды жили; врач с татуировкой в виде попугая на угодившей в ловушку руке,

смотрящий на скулы своей внучки —
больше не ее скулы, с хирургической точностью

сшивает страдание и красоту:
проходит два дня, он кричит

в окно (нет никакого окна), когда помощь
приближается, он говорит о Шопене, Шопене.

Они отрезают ему руки, медсестры говорят: «У него все в порядке» —
в моих снах: он стоит, кормя голубей хлебом, окруженный

голубями, птицы на голове, плечах,
он кричит *Вы ничего не понимаете!* Он

засыпает, город спит,
такого города нет

Aunt Rose

In a soldier's uniform, in wooden shoes, she danced
at either end of day, my Aunt Rose.
Her husband rescued a pregnant woman

from the burning house — he heard laughter,
each day's own little artillery — in that fire
he burnt his genitals. My Aunt Rose

took other people's children — she clicked her tongue as they cried
and August pulled curtains evening after evening.
I saw her, chalk between her fingers,

she wrote lessons on an empty blackboard,
her hand moved and the board remained empty.
We lived in a city by the sea but there was

another city at the bottom of the sea
and only local children believed in its existence.
She believed them. She hung her husband's

picture on a wall in her apartment. Each month
on a different wall. I now see her with that picture, hammer
in her left hand, nail in her mouth.

From her mouth, a smell of wild garlic —
she moves toward me in her pajamas
arguing with me and with herself.

The evenings are my evidence, this evening
in which she dips her hands up to her elbows,
the evening is asleep inside her shoulder — her shoulder

rounded by sleep.

Тетя Роза

В военной форме, в деревянных ботинках, тетя Роза
танцевала в обеих сторонах дня.
Ее муж спас беременную женщину

из горящего дома — он услышал смех,
маленькую артиллерию наших дней, — в пожаре
он сжег свои гениталии. Тетя Роза

заботилась о чужих детях — она прищелкивала языком, когда они плакали,
август опускал шторы вечер за вечером
Я видел ее, с мелом в руке,

она писала уроки на пустой доске.
Рука двигалась, а доска оставалась чистой.
Мы жили в городе у моря, но был

еще один город на дне моря,
и только местные дети верили в него.
Она им верила. Она вешала фотографию

своего мужа в комнате на стене. Каждый месяц
на новой стене. Я вижу ее сейчас с фотографией, молотком
в левой руке, гвоздем во рту

У нее изо рта пахнет чесноком —
она приближается ко мне в пижаме,
споря со мной и с самой собой.

Вечера — мои доказательства, этот вечер,
в который она погружает руки по локти,
вечер спит внутри ее плеча — плеча,

закругленного сном.

My Mother's Tango

I see her windows open in the rain, laundry in the windows —
she rides a wild pony for my birthday,
a white pony on the seventh floor.

«And where will we keep it?» «On the balcony!»
the pony neighing on the balcony for nine weeks.
At the center of my life: my mother dances,

yes here, as in childhood, my mother
asks to describe the stages of my happiness —
she speaks of soups, she is of their telling:

between the regiments of saucers and towels,
she moves so fast — she is motionless,
opening and closing doors.

But what was happiness? A pony on the balcony!
My mother's past, a cloak she wore on her shoulder.
I draw an axis through the afternoon

to see her, sixty, courting a foreign language —
young, not young — my mother
gallops a pony on the seventh floor.

She becomes a stranger and acts herself, opens
what is shut, shuts what is open.

Танго моей матери

Я вижу ее окна, открытые во время дождя, висящее в окнах белье —
она скачет на белом пони в честь моего дня рождения,
на белом пони на седьмой этаж.

«И где мы будем держать его?» «На балконе!»
Пони, ржущий на балконе на протяжении девяти недель.
В центре моей жизни: мама танцует,

здесь, как в детстве, мама
просит описать сцены моего счастья —
она говорит о супах, она рассказывает о них:

среди полков блюдец и полотенец,
она движется так быстро — она неподвижна,
открывая и закрывая двери.

Но что было счастьем? Пони на балконе!
Прошлое моей матери, плащ, который она носила на плечах.
Я провожу ось через дневное время,

чтобы увидеть ее, шестидесятилетнюю, соблазняющую иностранный язык —
молодая, немолодая — мама
скачет галопом на пони на седьмой этаж.

Она превращается в незнакомку и играет себя, открывает
то, что закрыто, закрывает то, что открыто.

American Tourist

In a city made of seaweed we danced on a rooftop, my hands
under her breasts. Subtracting
day from day, I add this woman's ankles

to my days of atonement, her lower lip, the formal bones of her face.
We were making love all evening —
I told her stories, their rituals of rain: happiness

is money, yes, but only the smallest coins.
She asked me to pray, to bow
towards Jerusalem. We bowed to the left, I saw

two bakeries, a shoe store; the smell of hay,
smell of horses and hay. When Moses
broke the sacred tablets on Sinai, the rich

picked the pieces carved with:
«adultery» and «kill» and «theft»,
the poor got only «No» «No» «No».

I kissed the back of her neck, an elbow,
this woman whose forgetting is a plot against forgetting,
naked in her galoshes she waltzed

and even her cat waltzed.
She said: «All that is musical in us is memory» —
but I did not know English, I danced

sitting down, she straightened
and bent and straightened, a tremble of music
a tremble in her hand.

Американский турист

Мы танцевали на крыше в городе, построенном из морских водорослей,
я держал руки у нее под грудью. Вычитая дни друг из друга,
я прибавляю лодыжки этой женщины

к моим дням искупления, ее нижнюю губу, симметричные кости лица.
Мы весь вечер занимались любовью —
я рассказывал ей истории, говорил о ритуалах дождя: если счастье —

деньги, то лишь самые мелкие монеты.
Она просила меня молиться, кланяться
в сторону Иерусалима. Мы кланялись востоку, я видел

две булочные, обувной магазин; запах сена,
запах лошадей и сена. Когда Моисей на Синае
разбил священные таблицы, богатые

подобрали осколки с надписями:
«прелюбодействуй» и «убий» и «укради»,
а беднякам досталось только «Не» «Не» «Не»

Я поцеловал ее шею сзади, локоть,
эта женщина, забывание которой — заговор против забывания,
вальсировала голая в своих галошах,

и даже ее кот вальсировал.
Она сказала: «Все, что в нас есть музыкального — это память» —
но я не знал английского, я танцевал,

приседая, она выпрямлялась
и сгибалась, и выпрямлялась, дрожание музыки,
дрожание ее рук.

Dancing in Odessa

We lived north of the future, days opened
letters with a child's signature, a raspberry, a page of sky.

My grandmother threw tomatoes
from her balcony, she pulled imagination like a blanket
over my head. I painted
my mother's face. She understood
loneliness, hid the dead in the earth like partisans.

The night undressed us (I counted
its pulse) my mother danced, she filled the past
with peaches, casseroles. At this, my doctor laughed, his granddaughter
touched my eyelid — I kissed

the back of her knee. The city trembled,
a ghost — ship setting sail.
And my classmate invented twenty names for Jew.
He was an angel, he had no name,
we wrestled, yes. My grandfathers fought

the German tanks on tractors, I kept a suitcase full
of Brodsky's poems. The city trembled,
a ghost — ship setting sail.
At night, I woke to whisper: yes, we lived.
We lived, yes, don't say it was a dream.

At the local factory, my father
took a handful of snow, put it in my mouth.
The sun began a routine narration,
whitening their bodies: mother, father dancing, moving
as the darkness spoke behind them.
It was April. The sun washed the balconies, April.

I retell the story the light etches
into my hand: *Little book, go to the city without me.*

Танцуя в Одессе

Мы жили к северу от будущего, дни распечатывали
письма, подписанные ребенком, малина, страница неба.

Моя бабушка бросала помидоры
с балкона, укрывала мою голову воображением,
как одеялом. Я рисовал
мамино лицо. Она знала толк
в одиночестве, прятала мертвых в земле, как партизан.

Ночь раздевала нас (я считал
ее пульс) мама танцевала, наполняла
прошлое персиками, кастрюлями. Мой врач смеялся, его дочь
касалась моего века — я целовал

ее коленку с внутренней стороны. Город дрожал,
корабль призраков собирался в плавание.
И мой одноклассник придумал двадцать имен для евреев.
Он был ангелом, у него не было имени,
мы боролись. Мой дедушка сражался

с немецкими танками на тракторе, я хранил чемодан, полный
стихов Бродского. Город дрожал,
корабль призраков собирался в плавание.
Ночью я проснулся, чтобы прошептать: да, мы жили.
Мы жили, не говорите, что это сон.

На местной фабрике мой отец
набрал пригоршню снега и положил мне в рот.
Солнце начало привычное повествование,
выбеляя их тела: мать, отец танцевали и двигались,
пока темнота говорила за их спинами.
Был апрель. Солнце умыло балконы, апрель.

Я пересказываю историю, которую свет
гравирует на моих руках: *Маленькая книжка, иди в город без меня.*

MUSICA HUMANA

Musica Humana

[an elegy for Osip Mandelstam]

[A modern Orpheus: sent to hell, he never returned, while his widow searched across one sixth of the earth's surface, clutching the saucepan with his songs rolled up inside, memorizing them by night in case they were found by Furies with a search warrant.]

While there is still some light on the page,
he escapes in a stranger's coat with his wife.
And the cloth smells of sweat;
a dog runs after them
licking the earth where they walked and sat.

In the kitchen, on a stairwell, above the toilet,
he will show her the way to silence,
they will leave the radio talking to itself.
Making love, they turn off the lights
but the neighbor has binoculars
and he watches, dust settling on his lids.

It is the 1930s: Petersburg is a frozen ship.
The cathedrals, cafes, down Nevski Prospect
they move, as the New State
sticks its pins into them.

Musica Humana

Элегия для Осипа Мандельштама

[Современный Орфей: его отправили в ад, откуда он уже не вернулся назад. В это время вдова разыскивала его по всей одной шестой части суши, с кастрюлей в руках, внутри которой лежали сложенные листы его песен. Она учила их наизусть по ночам на случай, если их найдут фурии во время обыска.]

Пока на странице еще остается немного света,
в чужом пальто, он сбегает вместе с женой.
Одежда пахнет потом;
следом бежит собака,
облизывая землю, по которой они шли.

В кухне, на лестничной клетке, перед туалетом
он покажет ей путь тишины,
радио останется вещать самому себе.
Они занимаются любовью в темноте,
но у соседа есть бинокль,
он наблюдает, на его веки садится пыль.

В 30-е годы: Петербург — замерзший корабль.
Соборы, кафе, они идут
по Невскому проспекту, пока Новое Государство
вонзает в них свои булавки.

[In Crimia, he gathered together rich 'liberals' and said to them strictly: On Judgment Day, if you are asked whether you understood the poet Osip Mandelstam; say *no*. Have you fed him? — You must answer *yes*.]

I am reading aloud the book of my life on earth
and confess, I loved grapefruit.
In a kitchen: sausages; tasting vodka,
the men raise their cups.
A boy in a white shirt, I dip my finger
into sweetness. Mother washes
behind my ears. And we speak of everything
that does not come true,
which is to say: it was August.
August! the light in the trees, full of fury. August
filling hands with language that tastes like smoke.
Now, memory, pour some beer,
salt the rim of the glass; you
who are writing me, have what you want:
a golden coin, my tongue to put it under.

(The younger brother of a cloud,
he walks unshaven in dark-green pants.
In cathedrals: he falls on his knees, praying HAPPINESS!
His words on the floor are the skeletons of dead birds.)

I've loved, yes. Washed my hands. Spoke
of loyalty to the earth. Now death,
a loverboy, counts my fingers.

I escape and am caught, escape again
and am caught, escape

[В Крыму он собрал вместе богатых «либералов» и сказал им строго: «Если в Судный день вас спросят, понимали ли вы поэта Осипа Мандельштама, отвечайте *нет*. Кормили ли вы его? — Вы должны ответить *да*».]

Я читаю вслух книгу моей земной жизни
и признаюсь: я любил грейпфрут.
На кухне: колбаса, люди поднимают
рюмки с водкой.
Я, мальчик в белой рубашке, погружаю палец
в сладость. Мама моет
у меня за ушами. И мы говорим обо всем,
что не сбудется,
то есть: шел август.
Август! Свет в деревьях, полных ярости. Август
наполняет руки речью со вкусом дыма.
Теперь, память, налей немного пива,
натри солью ободок стакана; ты,
которая пишет меня, получай же, что хочешь:
мой язык и золотую монету:
положить под ним.

(*Он, младший брат облака,
идет, небритый, в темно-зеленых штанах.
В соборах: падает на колени, умоляя СЧАСТЬЯ!
Его слова на полу — скелеты мертвых птиц*)

Да, я любил. Умывал руки. Говорил
о земной преданности. Теперь смерть,
возлюбленный мальчик, пересчитывает мои пальцы.

*Я сбегаю и попадаюсь, снова сбегаю
И попадаюсь, сбегаю*

and am caught: in this song,
the singer is a clay figure,

poetry is the self — I resist
the self. Elsewhere:

St. Petersburg stands
like a lost youth

whose churches, ships, and guillotines
accelerate our lives.

[In summer 1924 Osip Mandelstam brought his young wife to St. Petersburg. Nadezhda was what the French call *laide mais charmante*. An eccentric? Of course he was. He threw a student down the staircase for complaining he wasn't published, Osip shouting: *Was Sappho? Was Jesus Christ?*]

Poet is a voice, I say, like Icarus,
whispering to himself as he falls.
Yes, my life as a broken branch in the wind
hits the Northern ground.
I am writing now a history of snow, the lamplight bathing the ships
that sail across the page.

But on certain afternoons the Republic of Psalms opens up
and I grow frightened that I haven't lived, died, not enough
to scratch this ecstasy into vowels, hear
splashes of clear, biblical speech.

I read Plato, Augustine, the loneliness of their syllables
while Icarus keeps falling.
And I read Akhmatova, her rich weight binds me to the earth,
the nut trees on a terrace breathing
the dry air, the daylight.

и попадаюсь: в этой песне
певец — глиняная фигура,

поэзия — подлинное я,
я стараюсь перед ним устоять. Где-то там:

Санкт-Петербург стоит,
как утраченная юность,

чьи церкви, корабли и гильотины
ускоряют наши жизни.

[Летом 1924 года Осип Мандельштам привез свою молодую жену в Петербург. Надежда была, как говорят французы, *laide mais charmante*. Эксцентрик? Конечно, он был эксцентриком. Он сбросил студента с лестницы за то, что тот жаловался на отсутствие публикаций: «*А Сафо печатали? А Иисуса Христа?*»]

Поэт — это голос, говорю я, словно Икар
шепчется с самим собой во время падения.
Да, моя жизнь, как сломанная ветром ветка,
падает на северную землю.
Сейчас я пишу историю снега,
свет лампы омывает корабли,
плывущие по странице.

Но в определенные дни
Республика Псалмов открывается,
и во мне растет страх того, что я умер, жил
слишком мало для того, чтобы
вырезать этот восторг внутри гласных, услышать
всплески чистой, библейской речи.

Я читаю Платона, Августина, одиночество их слогов,
пока Икар продолжает падать.
Читаю Ахматову, ее глубокая тяжесть
связывает меня с землей,
ореховые деревья на террасе дышат
сухим воздухом, дневным светом.

Yes, I lived. The State hung me up by the feet, I saw
St. Petersburg's daughters, swans,
I learned the grammar of gulls' array
and found myself for good
down Pushkin Street, while memory
sat in the corner, erasing me with a sponge.

I've made mistakes, yes: in bed
I compared government
to my girlfriend.

Government! An arrogant barber's hand
shaving off the skin.
All of us dancing happily around him.

[He sat on the edge of his chair and dreamt aloud of good dinners. He composed his poems not at his desk but in the streets of St. Petersburg; he adored the image of the rooster tearing apart the night under the walls of Acropolis with his song. Locked up in the cell, he was banging on the door: «You have got to let me out, I wasn't made for prison».]

Once or twice in his life, a man
is peeled like apples.

What's left is a voice
that splits his being

down to the center.
We see: obscenity, fright, mud

but there is joy of shape, there is
always
more than one silence.

Да, я жил. Государство подвесило меня за ноги, я видел
сыновей Санкт-Петербурга, лебедей,
изучил грамматику воинства чаек,
и обнаружил себя всегда
идущим по улице Пушкинской, пока память,
сидящая в углу, стирает меня губкой.

Да, я ошибался: в постели
сравнивал правительство
со своей девушкой.

*Правительство! Надменная рука цирюльника
сбривает кожу.
Мы все радостно танцуем вокруг него.*

[Он сидел на краешке стула и мечтал вслух о вкусных обедах. Он писал стихи не за столом, а на улицах Петербурга; восхищался образом петуха, рассекающего песней ночную тьму под стенами Акрополя. Он, заключенный, стучал в дверь камеры: «Вы должны выпустить меня, я не был создан для тюрьмы».]

Один или два раза в жизни человека
очищают от кожуры, как яблоко.

Остается голос,
проникающий в его существо

до самой сердцевины.
Мы видим: пошлость, страх, грязь

*но всегда существует радость формы,
тишина
никогда не одна.*

*— between here and Nevski Prospect,
the years, birdlike, stretch, —*

Pray for this man
who lived on bread and tomatoes

while dogs recited his poetry
in each street.

Yes, count «march», «july»
weave them together with a thread —

it's time, Lord,
press these words against your silence.

                    *

— the story is told of a man who escapes
and is captured

into the prose of evenings:
after making love, he sits up

on a kitchen floor, eyes wide open,
speaks of the Lord's emptiness

in whose image we are made.
— *he is out of work* — among silverware

and dirt he is kissing
his wife's neck so the skin of her belly tightens.

One would think of a boy laying
syllables with his tongue

onto a woman's skin: those are lines
sewn entirely of silence.

*— между этим местом и Невским проспектом
простираются годы, похожие на птиц —*

Молитесь за этого человека,
жившего на хлебе и помидорах,

пока собаки цитировали его стихи
на каждой улице.

Перечисляйте: «март», «июль»,
сшейте их нитью —

пришло время, Господи,
настаивать на значении этих слов
перед лицом твоей тишины.

*

Это история человека, сбегающего
и попадающего в ловушку

обыденности вечеров:
после занятий любовью, он садится

на кухонный пол, глаза широко открыты,
и говорит о пустоте Бога,

по образу и подобию которого мы сотворены.
— *он вне игры* — посреди серебряной посуды

и грязи он целует жену в шею,
так, что у нее напрягается кожа на животе.

Кто-то мог бы подумать о мальчике,
что языком раскладывает слоги

на коже женщины: эти строки
полностью сотканы из тишины.

[**Nadezhda looks up from the page and speaks**: Osip, Akhmatova and I were standing together when suddenly Mandelstam melted with joy: several little girls ran past us, imagining themselves to be horses. The first one stopped, impatiently asking: «Where is the last horsy?» I grabbed Mandelstam by his hand to prevent him from joining; and Akhmatova, too, sensing danger, whispered: «Do not run away from us, you are *our* last horsy».]

— as I die, I walk barefoot across my country,
here winter builds the strongest
solitude, tractors break into centaurs
and gallop through plain speech:
I am twenty-three, we live in a cocoon,
the butterflies are mating.
Osip puts his fingers into fire; he
gets up early, walking around
in his sandals. Writes slowly. Prayers
fall into the room. Moths
are watching him from the window. As his tongue
passes over my skin, I see
his face from underneath,
its aching clarity
— thus Nadezhda speaks,
standing in an orange light,
her hands are quiet, talking
to themselves:

O God of Abraham, of Isaak and of Jacob
on your scale of Good and Evil,
put a plate of warm food.

[**Надежда поднимает глаза от страницы и говорит**: «Мы стояли с Ахматовой и Осипом, когда Мандельштам вдруг растаял от радости: несколько маленьких девочек пробежали мимо нас, играя в лошадок. Первая остановилась и нетерпеливо спросила: «Где последняя лошадка?» Я схватила Мандельштама за руку, чтобы помешать ему включиться в игру; Ахматова, тоже предчувствуя опасность, прошептала: «Не убегай от нас, ты *наша* последняя лошадка».]

— когда я умру, пойду босой через всю страну,
тут зима возводит крепчайшее
одиночество, тракторы прорываются к звездам
и несутся через ясную речь:
мне двадцать три, мы живем в коконе,
бабочки спариваются.
Осип погружает пальцы в огонь; он
просыпается рано, гуляет по округе
в своих сандалиях. Пишет медленно.
Молитвы
спускаются в комнату. Мотыльки
наблюдают за ним из-за окна. Когда он
проводит языком по моей коже, я вижу
его лицо снизу,
его болезненную ясность
— так говорит Надежда,
стоя в оранжевом свете,
ее тихие руки обращаются
к самим себе:

Господи, Бог Авраама, Исаака и Иакова,
на своих весах Добра и Зла
поставь тарелку теплой еды.

*

When my husband returned
from Voronezh, in his mouth
he hid a silver spoon —

in his dreams,
down Nevski Prospect, the dictator ran
like a wolf after his past,
a wolf with sleep in its eyes.

He believed in the human being. Could not
cure himself
of Petersburg. He recited by heart
phone numbers
of the dead.

O what he told in a low voice! — the
unspoken words became traces of islands.
When he slapped
Tolstoy in the face, it was good.

When they took my husband, each word
disappeared in a book.
They watched him
as he spoke: the vowels had teeth-marks.

*And they said: You must leave him alone
for already behind his back
the stones circle all by themselves and fall.*

*

Когда мой муж вернулся
из Воронежа, он прятал во рту
серебряную ложку —

в его снах тиран, как волк,
бежал по Невскому проспекту
за его прошлым,
волк с глазами, полными сна.

Он верил в человека. Не мог
излечиться от Петербурга. Он
помнил наизусть
номера телефонов
умерших.

А что он говорил тихим голосом! —
от островов несказанных слов остались только следы.
Когда он оскорбил Толстого,
то сделал это блестяще.

Когда они увели моего мужа, все слова
из книги исчезли.
Они смотрели на него, пока он говорил:
на гласных оставались следы зубов.

И они сказали: вы должны оставить его в покое,
за его спиной
уже кружатся и падают камни.

[Osip had thick eyelashes, to the middle of his cheeks. We were walking along Prechistenka St., what we were talking about I don't remember. We turned onto Gogol Boulevard, and Osip said, «I am ready for death». At his arrest they were searching for poems, all over the floor. We sat in one room. On the other side of the wall, at a neighbor's, a Hawaiian guitar was playing. In my presence the investigator found «The Wolf» and showed it to Osip. He nodded slightly. Taking his leave, he kissed me. He was led away at 7 A.M.]

At the end of each vision, Mandelstam
stands with a clod of earth, throwing
bits at the passers-by. You will recognize him, Lord:

— he hated Tsarskoe Selo,
told Mayakovski: «stop reading your verse, you are not
a Rumanian orchestra».
What harmony was? It raveled
and unraveled; Nadezhda said the snow fell inside her,
she heard the voice of young chickens all over her flesh.

Nadezhda, her Yes and No are difficult
to tell apart. She dances, a skirt tucked between her thighs
and the light is strengthening.
In each room's
four corners: he is making love to her earlobes, brows,
weaving days into knots.
He is traveling across her kitchen, touching furniture,
a small propeller in his head

turning as he speaks. Outside,
a boy pissing against the tree, a beggar
cursing at his cat — that summer 1938 —
the walls were hot, the sun beat
against the city's slabs
'the city that loved to say yes to the powerful.'

At the end of each vision, he rubbed her feet with milk.
She opened her body, lay on his stomach.
We will meet in Petersburg, he said,
we have buried the sun there.

[У Осипа были густые и длинные, до середины щек, ресницы. Мы шли по Пречистенке, о чем-то говорили — не помню, о чем. Свернули на бульвар Гоголя, Осип сказал: «Я к смерти готов». Во время его ареста они везде искали стихи. Мы сидели в комнате. За стеной у соседей звучала гавайская гитара. В моем присутствии один из проводивших обыск нашел «Волка» и показал Осипу. Он едва заметно кивнул. Уходя, он поцеловал меня. Его увели в 7 утра.]

В заключительной сцене Мандельштам
стоит с комом земли, отламывает от него
кусочки и бросает в прохожих. Ты узнаешь его, Господи:

— он ненавидел Царское Село,
говорил Маяковскому: «Не нужно читать свои стихи,
Вы не румынский оркестр».
Какой была гармония? Она запутывалась
и распутывалась, как нитки; Надежда говорила, что внутри ее падал снег,
цыплята пищали по всему телу.

Надежда, ее Да и Нет трудно
произнести раздельно. Она танцует, юбка замялась между бедер,
свет делается ярче.
Где бы он ни был,
он с любовью целует мочки ее ушей, брови,
сплетая дни в узлы.
Он путешествует по кухне, дотрагиваясь до мебели,
с небольшим пропеллером в голове,

вращающимся, пока он говорит. На улице
мальчик справляет нужду у дерева, попрошайка
мучает кота — тем летом 1938-го —
стены были горячими, солнце разбивалось
о камни города,
того «города, что любил говорить *да* сильным».

В заключительной сцене он натирал ей ноги молоком.
Она открывала свое тело, ложилась на его живот.
*Мы встретимся в Петербурге, говорил он,
там мы похоронили солнце.*

Musica Humana

His name was Osip but, either jokingly or in disguise, we called him Ovid. As the story goes, Ovid was a rose thief. He stole dozens of roses from the public parks at night, hiding them in his coat, then selling them at the train station in the morning. Ovid became famous when he stole the Governor's coat, and then sold it to the city's Chief Judge. While at the Judge's house, he stole a horse and went back to sell it to the Governor, mentioning that he saw the Judge wearing the stolen coat. The Governor saddled the stolen horse, galloping to its rightful owner to claim his own precious possession. As for Ovid, he moved to Argentina and became a cook. While soups overheated in a pot engraved with the word «obsession», he sang himself to sleep between the stove and the table.

«Cold Mint-Cucumber Soup»

2 tablespoons butter
1 cup plain yogurt
1 onion (chopped)
1 garlic clove
3 cucumbers (sliced)
2 tablespoons rice flour
2 cups chicken stock
2 tablespoons fresh mint (chopped)
Salt and pepper.

Melt butter in a skilled with garlic, onion, cucumber; cook until soft. Stir in stock. Blend, bring to boil, puree. Blend in mint, chill. Before serving, stir in yogurt. Mix.

«I will tell you a story», Ovid would say. I would shake my head, no thank you. «Ah, a romantic boy with a barefoot heart! Never have you been buried in the earth or savored the delicious meat of sacrifice! Listen to a story —

When, in his fifties, my uncle got sick, his two brothers went around the street with a "list of days". They asked the neighbors to give him a day or two of their own lives and to sign their names next to it. When they asked Natalia, a young girl next door who was secretly in love with him, she wrote: "I am giving you all my remaining life", and signed. Even his brothers tried to talk her out of it. They argued, voiced reasons: she would not listen. "All my remaining life", she said. "That is my wish".

Musica Humana

Его звали Осип, но, то ли шутя, то ли пытаясь скрыть его настоящее имя, мы называли его Овидием. Легенда гласит, что Овидий воровал розы. Ночью он уносил под одеждой десятки роз из городского парка, а утром продавал их на железнодорожной станции. Овидий прославился, когда украл плащ Губернатора и продал его главному Городскому судье. Во время визита к Судье он угнал лошадь и пошел к Губернатору продавать ее. Там он сказал, что видел пропавший плащ на Судье. Губернатор оседлал украденную лошадь и поскакал к ее законному владельцу, чтобы потребовать назад свою драгоценную собственность. Что касается Овидия, то он переехал в Аргентину и стал поваром. Пока супы выкипали из кастрюли с надписью «одержимость», он пел колыбельные самому себе и засыпал между печкой и столом.

«Холодный мятно-огуречный суп»

2 столовых ложки масла
Стакан чистого йогурта
1 луковица (нарезанная)
1 зубчик чеснока
3 огурца (нарезанных ломтиками)
2 столовых ложки рисовой муки
2 стакана куриного бульона
2 столовых ложки свежей мяты (измельченной)
Соль и перец

Растопите масло с чесноком, луком, огурцом. Варите до мягкости. Добавьте бульон. Перемешайте, доведите до кипения и варите до состояния однородного пюре. Добавьте мяту, охладите. Перед подачей блюда добавьте йогурт. Перемешайте.

«Я расскажу тебе историю», — сказал Овидий. Я покачал головой — нет, спасибо. «Ах, романтичный мальчик с чистым сердцем! Никогда не зарывали тебя в землю, никогда не знал ты изумительного вкуса жертвенного мяса! Так послушай —

На шестом десятке мой дядя заболел. Двое его братьев пошли по домам собирать "список дней". Они просили соседей вписать в него один-два дня собственной жизни и подписаться напротив своей строки. Когда они пришли к Наталье, молодой соседской девушке, тайно в него влюбленной, она написала: "Я отдаю тебе всю мою оставшуюся жизнь". И подписалась. Даже его братья пытались отговорить ее. Они спорили, приводили доводы: она ничего не хотела слышать. "Всю мою оставшуюся жизнь, — сказала она, — такова моя воля".

The next morning, my uncle was up with a smile on his face while the girl's body was found at midday breathless in her own sweaty bed. The winter passed and then another winter. One by one the man's friends began to die, he buried his own brothers. He abhorred his existence. Every Sunday we saw him at the market, trying the fruits with his thumb, buying a peach or a pear, muttering to himself. He only spoke to children. One night, he said, it seemed as if he heard a distant music. Amazed, he understood — it was the day of Natalia's wedding, a choir in which she did not have a chance to sing. A year later, reading the Talmud, he stopped in the middle of a page, hearing a child's cry. Lord, he whispered, her baby is due today — a happiness she will never know. Her life, hour after hour, steamed before him. He heard music once more, wondering if it was her second marriage or her own daughter's early wedding. How many times he woke at night asking God to grant him death; but he lived. We saw him, each Sunday morning, at the market, buying fruit, counting the singles carefully. Once, in July, getting coins from his pocket to pay for a plum he began, violently, to rub his chest. He sat down on the pavement, whispering that he suddenly heard someone's sickening scream. We understood».

На следующее утро мой дядя проснулся улыбающимся, а тело девушки было найдено в полдень в ее мокрой от пота постели. Прошла зима, за ней другая. Один за другим друзья дяди умирали. Он похоронил своих братьев. Он ненавидел свое существование. Каждое воскресенье мы видели его на рынке: дядя пробовал фрукты большим пальцем, покупал персик или грушу, что-то бормотал под нос. Он разговаривал только с детьми. Однажды ночью, рассказывал он, ему показалось, будто откуда-то доносилась музыка. Пораженный, он понял — это был день свадьбы Натальи, хор, в котором она так и не спела. Год спустя, читая Талмуд, он остановился на половине страницы, услышав детский плач. Боже, — прошептал он, — сегодня должен был родиться ее ребенок — счастье, которое она не узнала. Ее жизнь, день за днем, клубилась перед ним. Он услышал музыку еще раз, гадая, то ли она означает день ее повторного замужества, то ли ранней свадьбы ее дочери. Сколько раз он просыпался ночью, умоляя Бога подарить ему смерть; но он жил. По воскресеньям мы видели его на рынке, покупающего фрукты, он внимательно пересчитывал мелочь. Однажды в июле, доставая монеты из кармана, чтобы заплатить за сливы, он начал сильно тереть свою грудь. Потом сел на дорогу, шепча, что услышал чей-то отвратительный крик. Мы поняли».

A Toast

If you will it, it is no dream.

— Theodore Herzl

October: grapes hung like the fists of a girl
gassed in her prayer. *Memory,*
I whisper, *stay awake.*

In my veins
long syllables tighten their ropes, rains come
right out of the eighteenth century
Yiddish or a darker language in which imagination
is the only word.

Imagination! a young girl dancing polka,
unafraid, betrayed by the Lord's death
(or his hiding under the bed when the Messiah
was postponed).

In my country, evenings bring the rain water, turning
poplars bronze in a light that sparkles on these pages
where I, my fathers,
unable to describe your dreams, drink
my silence from a cup.

Тост

Если чего-то действительно желаешь, это не пустые мечты.

Теодор Герцль

Октябрь; висящие гроздья винограда, словно
кулачки девушки, сжатые в молитве. Память,
шепчу я, — не смыкай глаз.

В моих венах
долгие слоги натягивают свои веревки, дожди идут
прямо из идиша восемнадцатого века
или еще более темного языка, состоящего
из одного слова — воображение.

Воображение! Молодая девушка танцует польку,
бесстрашная, узнавшая предательство в смерти Бога
(или в том, как он прятался под кроватью,
когда откладывалось прибытие Мессии).

В моей стране вечера приносят дождевую воду,
тополя покрываются бронзой в том же свете, что искрится
на этих страницах, где я, мои отцы,
неспособный описать ваши сны, пью
тишину из чашки.

НАТАЛЬЯ

Natalia

Natalia:

Her shoulder: an ode to an evening, such ambitions.

I promise I will teach her to ride horses, we will go to Mexico, Angola, Australia. I want her to imagine our scandalous days in Odessa when we will open a small sweets shop — except for her lovers and my neighbors (who steal milk chocolate by handfuls) we will have no customers.
In an empty store, dancing among stands with sugared walnuts, dried carnations, boxes upon boxes of mints and cherries dipped in honey, we will whisper to each other our truest stories because to fantasize is our custom.

The back of her knee: a blessed territory, I keep my wishes there.

Наталья

Наталья:

Ее плечо: ода вечеру.

Я обещаю, что научу ее управлять лошадью, и мы поскачем в Мехико, Анголу, Австралию. Я хочу, чтобы она представила наши скандальные дни в Одессе, когда мы откроем небольшой магазин сладостей — исключительно для ее любовников и моих соседей (которые пригоршнями воруют молочный шоколад). У нас не будет покупателей.
В пустом магазине, танцуя между стойками с засахаренными орешками, высушенными гвоздиками, банками с мятой и вишней в меде, мы будем шептать друг другу наши самые правдивые истории, потому что фантазировать уже вошло в привычку.

Ее подколенная ямка: благословенное место, там я храню свои желания.

As I open the *Tristia*, evening spreads its nets
and a woman I love runs from a parking lot.
«You will run away», she says, «I already
see it: a train station, a slippery floor, a seat».

I tell her to leave me alone, inside my childhood
where men carry flags across the street.
And they tell her: leave us alone,
as if the power were given to them, but it is not given.

She attacks with passion, lifts her hand
and puts it in my hair. On my right side I hide a scar,
she passes over it with her tongue
and falls asleep with my nipple in her mouth.

But Natalia, beside me, turns the pages,
what happened and did not happen
must speak and sing by turns.
My chronicler, Natalia, I offer you two cups of air
In which you dip your little finger, lick it dry.

This poem begins: «Late January, the darkness is handwritten onto trees». As I speak of her, she sits at the mirror, combing her hair. From her hair the water pours, the leaves fall. I undress her, my tongue passing over her skin. «Potatoes!» she tells me, «I smell like potatoes!» and I touch her lips with my fingers.

Когда я открываю «Tristia», вечер раскидывает сети,
любимая женщина спешит с парковки.
Ты сбежишь, — говорит она, — я так и вижу:
железнодорожная станция, скользкие полы, сиденье.

Я прошу ее оставить меня одного внутри моего детства,
где люди ходят по улицам с флагами.
Они тоже говорят: оставь нас в покое,
будто имеют власть, но это не так.

Она яростно наступает, поднимает руку
и запускает ее в мои волосы. Справа я прячу шрам,
она проводит по нему языком
и засыпает с моим соском во рту.

Но позади меня Наталья переворачивает страницы,
сбывшееся и несбывшееся
должно говорить и петь по очереди.
Наталья, мой летописец, я предлагаю тебе две чашки воздуха,
в который ты погружаешь свой мизинец, оближи его досуха.

Начало этого стихотворения: «Поздний январь, темнота написана на деревьях чьей-то невидимой рукой». Во время нашего разговора она расчесывает волосы у зеркала. С волос стекает вода, падают листья. Я раздеваю ее, веду языком по коже. «Картошка! — говорит она мне, — я пахну, как картошка!» Я касаюсь пальцами ее губ.

On the night I met her, the Rabbi sang and sighed,
god's lips on his brow, Torah in his arms.
— I unfastened her stockings, worried

that I have stopped worrying.
She slept in my bed — I slept on a chair,
she slept on a chair — I slept in the kitchen,

she left her slippers in my shower, in my Torah,
her slippers in each sentence I spoke.
I said: those I love — die, grow old, are born.

But I love the stubbornness of your bedclothes!
I bite them, taste bedclothes —
the sweet mechanism of pillows and covers.

A serious woman, she danced
without a shirt, covering what she could.
We lay together on Yom Kippur, chosen by a wrong God,

the people of a book, broken by a book.

I am going to stop this, I am going to stop quoting poems in my mind. She liked that. She carried banners protesting banners. Each night, she gave me beer and stuffed peppers. On a tape — she spoke and spoke and spoke. One button made her still. But her speech raised to my shoulders, my brows.

В ночь, когда мы встретились, раввин пел и тосковал,
на его бровях — Божий поцелуй, в руках — Тора.
— я снимал с нее чулки, волнуясь

о том, что больше не волнуюсь.
Она спала в моей постели — я спал на стуле,
она спала на стуле — я спал на кухне,

она забыла тапочки у меня в душе, в моей Торе,
ее тапочки в каждом предложении моей речи.
Я сказал: те, кого я люблю — умирают, стареют, рождаются.

Но я люблю упрямство твоего постельного белья!
Я кусаю его, пробую на вкус —
сладкое устройство подушек и покрывал.

Серьезная женщина, она танцевала
без рубашки, прикрывая, что могла.
Мы лежали вместе на Йом Киппур, избранные не тем Богом,

люди книги, разведенные книгой.

Я собираюсь прекратить это, я не намерен больше цитировать в уме стихотворения. Ей это нравилось. Она носила плакаты с протестными лозунгами против плакатов. Каждую ночь она приносила мне пиво и фаршированный перец. Она говорила и говорила и говорила с магнитофонной ленты. Одна кнопка могла заставить ее замолчать. Но ее речь поднималась к моим плечам, бровям.

«Let me kiss you inside your elbow,
Natalia, sister of the careful»
— he spoke of gratitude, his fingers

trembling as he spoke.
She unfastened two buttons of his trousers — to
learn two languages:

One for ankles, and one for remembering.
Or maybe she thought it was bad luck
to have a dressed man in the house.

With an eyebrow pencil, she painted
his mustache: it made her
want to touch him and she didn't.

She opened her robe and
closed it, opened and closed it again,
she whispered: come here, nervous —

he followed her on his tiptoes.

«I don't need a synagogue», you said, «I can pray inside my body». You slept without covering yourself. I couldn't tell departure from arrival. You spoke inside my twice averted words — you yelled when you opened the doors, and opened each door in silence.
Someone else is on this page, writing. I attempt to move my fingers faster than she.

«Позволь мне поцеловать твою локтевую ямку,
Наталья, сестра заботливых» —
говорил он благодарно, его пальцы

дрожали, когда он говорил.
Она расстегивала две пуговицы его брюк —
чтобы выучить два языка:

один для лодыжек, и один для памяти.
Или, возможно, она считала плохой приметой
присутствие одетого мужчины в доме.

Карандашом для бровей она дорисовывала
ему усы: их вид вызывал в ней желание
дотронуться до него, и она не дотрагивалась.

Она распахивала свой халат и
запахивала его, распахивала и запахивала снова,
она шептала: иди сюда, беспокойный —

он шел за ней следом на цыпочках.

«Мне не нужна синагога, — говорила ты, — я могу молиться внутри своего тела». Ты спала, не укрываясь. Я не мог отличить отъезд от прибытия. Ты говорила вовнутрь моих дважды отклонившихся слов — ты кричала, когда открывала двери, и открывала каждую дверь в тишине.
Кто-то еще пишет — здесь, на этой странице. Я пытаюсь работать пальцами быстрее, чем она.

We fell in love and eight years passed.
Eight years. Carefully, I dissect this number:
we've lived with three cats in five cities,

learning how a man ages invisibly.
Eight years! Eight! — we chilled lemon vodka, and we kissed
on the floor, among the peels of lemons.

And each night, we stood up and saw ourselves:
a man and a woman kneel, whispering Lord,
one word the soul destroys to make clear.

How magical it is to live! it rained at the market
with my fingers, she tapped out her iambics
on the back of our largest casserole,

and we sang, *Sweet dollars,*
why aren't you in my pockets?

(And suddenly) the joy of days entered me. She only danced under apricot trees in a public park, a curious woman in spectacles whose ambition was limited to apricot trees. I wrote: «I touched her ear with my lower lip». She laughed as she read this, I read over her shoulder. I set my evening clock to the rhythm of her voice.

Вот уже восемь лет, как мы полюбили друг друга.
Восемь лет. Осторожно, словно анатом, я препарирую это число:
мы жили с тремя котами в пяти городах,

узнавали незаметное человеческое старение.
Восемь лет! Восемь! — мы охлаждали водку с лимоном и целовались
на полу, среди лимонных корок.

Каждую ночь мы вставали и видели самих себя:
мужчина и женщина, коленопреклоненные, шепчущие *Боже*,
одно слово, что рассыпается в попытке его прояснить.

Как же волшебно жить! на рынке шел дождь,
моими пальцами она выстукивала свои ямбы
на дне нашей самой большой кастрюли,

и мы пели: *Сладкие доллары,
почему вы не у нас в карманах?*

(И вдруг) радость дней входит в меня. Она только и делала, что танцевала под абрикосами в общественном парке. Она, любопытная женщина в очках, чьи запросы ограничивались абрикосовыми деревьями. Я писал: «Касаюсь ее уха нижней губой». Она смотрела на эти строки и смеялась, я в это же время читал через ее плечо. Я устанавливал мои вечерние часы в такт ее голосу.

Envoi

«You will die on a boat from Yalta to Odessa»

— a fortune teller, 1992

What ties me to this earth? In Massachusetts,
the birds force themselves into my lines—
the sea repeats itself, repeats, repeats.

I bless the boat from Yalta to Odessa
and bless each passenger, his bones, his genitals,
bless the sky inside his body,
the sky my medicine, the sky my country.

I bless the continent of gulls, the argument of their order.
The wind, my master
insists on the joy of poplars, swallows, —

bless one woman's brows, her lips
and their salt, bless the roundness
of her shoulder. Her face, a lantern
by which I live my life.

You can see us, Lord, she is a woman dancing with her eyes closed
and I am a man arguing with this woman
among nightstands and tables and chairs.

Lord, give us what you have already given.

Посланник

«Ты умрешь на пароходе, идущем из Ялты в Одессу»

Гадалка, 1992 г.

Что связывает меня с землей? В Массачусетсе
птицы стремительно влетают в мои строки —
море повторяет само себя, повторяет, повторяет.

Я благословляю пароход, идущий из Ялты в Одессу
и каждого пассажира, их кости и гениталии,
благословляю небо внутри их тел,
небо — мое лекарство, небо — моя страна.

Я благословляю континент чаек, их уклад и порядки.
Мой учитель, ветер,
настаивает на радости тополей и ласточек, —

благословляю брови этой женщины, ее губы,
их соленый вкус, благословляю округлость
ее плеч. Ее лицо, маяк,
в свете которого я проживаю свою жизнь.

Ты можешь видеть нас, Господи,
ее — женщину, танцующую с закрытыми глазами,
меня — мужчину, спорящего с ней
среди тумбочек, столов и стульев.

Господи, дай нам то, что уже дано.

СТРАНА ГЛУХИХ

From the «Deaf Republic» manuscript

Be Courageous, We Said

On the balconies, sunlight, on poplars, sunlight. On my lips.
Today no one is shooting, there is just sunlight and sunlight.
A girl cuts her hair with imaginary scissors —
The scissors in sunlight, her hair in sunlight.
A boy steals a pair of cordovan boots from an arrogant man in sunlight.
I speak and I say sunlight falling inside us, sunlight.
When they shot fifty women on Tedna St.,
I sat down to write and tell you what I know:
A child learns the world by putting it in his mouth,
A boy becomes a man and a man earth.
Body, they blame you for all things and they
seek in the body what does not live in the body.

These poems are from the unfinished manuscript «Deaf Republic». This story of a pregnant woman and her husband living during an epidemic of deafness and civil unrest was found beneath the floorboards in a house in Eastern Europe. Several versions of the manuscript exist. — IK

Из цикла «Страна глухих»

Будьте храбрыми, сказали мы

Солнечный свет на балконах, солнечный свет на тополях. У меня на губах.
Сегодня никто не стреляет, повсюду только солнце и солнце.
Девочка стрижет себе волосы воображаемыми ножницами:
ножницы — солнечный свет, ее волосы — солнечный свет.
Мальчик в солнечном свете крадет ботинки из цветной кожи у надменного мужчины.
Я говорю и говорю, солнечный свет проникает в нас, солнечный свет.
Когда застрелили пятьдесят женщин на улице Тедна,
я принялся записывать для вас свое знание:
ребенок узнает мир, пробуя его на вкус,
мальчик становится мужчиной, мужчина — прахом.
Тело, они обвиняют тебя во всех грехах и ищут
в теле то, что там не живет.

Эти стихи — из незавершенной рукописи «Страна глухих», которая является историей о беременной женщине и ее муже во время эпидемии глухоты и гражданских беспорядков. Книга была найдена под половицами дома в Восточной Европе. Есть несколько вариантов рукописи. — И. К.

Wherein Sonya and Alfonso Drink in the Shower

I scrub and lather him like a salmon
until he spits
soapy water. «Pig» I smile —

«Alfonso you smell better than this country»
I throw his shoes
and glasses in the air,

take off his t-shirt and socks, and kneel
in honor of Sasha Petrov
who was amputated, in honor of Lesha Vatkii the taken.

I dip a glass in a bath-tub,
drink dirty water.
Soaping together — that

is sacred to me. Washing feet together.
You can fuck
anyone — but with whom can you sit in water?

I knew I had caught the boy
and he knew he had been caught.
He sings as I dry his chest & penis

«Sonya, I was a glad man with you —»

Соня и Альфонсо пьют в душе

Я намыливаю его и чищу, как лосося,
пока он не разбрызгивает
мыльную воду. «Свинья», — улыбаюсь я.

«Альфонсо, ты пахнешь лучше, чем эта страна»
Я бросаю его обувь
и очки в воздух,

снимаю с него футболку и носки, становлюсь на колени
в честь Саши Петрова, которого отняли,
Леши Ватного, которого увели.

Я зачерпываю стаканом грязную воду
из ванной и пью.
Мыться вместе —

священно для меня. Вместе мыть ноги.
Трахнуть можно
кого угодно — но с кем получится посидеть в воде?

Я знала, что мальчишка — мой,
и он это знал.
Он поет, пока я вытираю его грудь и член:

«Соня, с тобой я был счастливым человеком»

Alfonso Imagines his Child

To live, as the great book commands,
is to love. Such love is not enough! —

the heart needs a little foolishness!
So I fold the newspaper, make a hat.

I pretend to Sonya that I am the greatest poet
and she pretends to believe it —

my Sonya, her stories and her beautiful legs,
her stories and legs that open other stories!

(— stop talking while we are kissing!)
I see my future: a yellow raincoat,

a sandwich, a piece of tomato between my teeth,
I raise my infant daughter to the sky —

I am singing as she pisses
(Old fool, my wife laughs)

on my forehead and my shoulders!

Альфонсо представляет своего ребенка

Великая книга говорит: жизнь —
это любовь. Но такой любви мало! —

сердцу нужно немного безрассудства.
Так что я делаю шляпу из газеты,

разыгрываю перед Соней великого поэта,
а она делает вид, что верит —

моя Соня, с ее выдумками и красивыми ногами,
выдумками и ногами, открывающими дорогу новым выдумкам!

(— прекратить разговоры, когда мы целуемся!)
Я вижу свое будущее: желтый плащ,

бутерброд, между зубами застрял кусочек помидора,
я поднимаю мою маленькую дочь в небо —

я пою, а она писает
(Старый дурак, смеется моя жена)

на мои лоб и плечи!

Elegy

Yet I am. I exists. I has
a body,
When I see

my husband's slender boyish legs
the roof
of my mouth goes dry.

He takes my toe
in his mouth.
Bites lightly.

How do we live on earth, Mosquito?
If I could hear

you what would you say?
Your answer, Mosquito!

Above all, beware
of sadness

On earth we can do
— can't we? —

what we want.

Элегия

Я все еще есть. Я существует, я живет
в теле.
Когда я вижу

стройные, как у мальчика, ноги моего мужа,
у меня
пересыхает во рту.

Он берет в рот
палец моей ноги.
Нежно кусает.

Как мы живем на земле, Москит?
Если бы я могла слышать

тебя, что бы ты сказал?
Отвечай, Москит!

Прежде всего, остерегайся
грусти

В этой жизни мы можем
— разве нет? —

делать, что захотим.

Lullaby

Little daughter
rainwater

snow and branches protect you
white washed walls

and neighbors' hands, also.
child of my aprils

little earth of
six pounds —

my white hair
keeps your sleep lit.

Колыбельная

Маленькая доченька
дождевая вода —

снег и ветви защитят тебя
белые вымытые стены —

и руки соседей тоже.
дитя моих апрелей

маленькая планета
шести фунтов веса —

мои белые волосы
хранят твой сон освещенным.

Before Galya is Arrested

One morning, one morning, one morning, one morning in May
one dime-bright morning…

I say «my mother» and again «my moth—»
but she is dragging a dog

to the Saturday afternoon mass, seating
him like a good Christian.

«Daughter —
On the day of my death I will be playing piano», —

Mother didn't play piano —
There was no piano, no piano — but I thought I saw

hundreds of old pianos forming
a bridge over the waters from Batnaystan

to Alehia — and she sat at each piano —
holding her breasts in

her hands, two small explosions.

Перед арестом Гали

Однажды утром, однажды утром, однажды майским утром,
однажды утром, сверкающим, как монета...

Я говорю «мама» и еще раз «ма—»,
но она тащит собаку

на субботнюю дневную службу, усаживает ее,
как доброго христианина.

«Дочь —
в день моей смерти я буду играть на пианино» —

мама не играла на пианино —
не было никакого пианино. Не было — но казалось, я видел

сотни старых пианино, что выстраивались над водой, как мост,
между Батнайстаном

и Алексией — она сидела на каждом пианино,
придерживая руками обе свои

груди, две маленьких бомбы.

The Prostitute's Song (from Sonya's Puppet Play)

...and as his tongue circles my nipples
in telephone booths and morning trains —

I ask for the strength to ask for nothing —
his little kisses on my hips, my elbows, my lower back,

his kisses on my eyelash, above my upper lip, my nape —
I am falling pressed under all the weight

of his little kisses between my shoulder-blades.
Such is a victory of my profession!

I pray for the strength to pray for nothing
on evening trains and in public gardens —

my eyelash, my elbow, my hips, my nape — by morning
we signed a pact of non-aggression.

Песня проститутки (из Сониной пьесы для кукольного театра)

...и его язык ласкает мои соски
в телефонных будках и утренних поездах —

я прошу сил ни о чем не просить —
его маленькие поцелуи на моих бедрах, локтях, спине,

он продолжает целовать мои ресницы, ямочку над верхней губой, затылок —
я падаю под весом всех его

маленьких поцелуев, оставленных между лопатками.
Такова победа в моей профессии!

Я молюсь о силе ни о чем не молиться
в ночных поездах и общественных садах —

утром мы вместе с ресницами, локтями, бедрами, затылком
подписали пакт о ненападении.

Praise

> *...but one day through the gate left half-open*
> *there are yellow lemons shining at us*
> *and in our empty breasts*
> *these golden horns of sunlight*
> *pour their songs.*
>
> — Montale

Time, my twin, take me by hand
through the streets of your city;
my days, your pigeons, are fighting for crumbs —

*

A woman asks at night for a story with a happy ending.
I have none. A refugee,

I go home and become a ghost
searching the houses I lived in. They say —

the father of my father of his father of his father was a prince
who married a Jewish girl

against the Church's will and his father's will and
the father of his father. Losing all,

eager to lose: the estate, ships,
hiding this ring (his wedding ring), a ring

my father handed to my brother, then took. Handed,
then took, hastily. In a family album

we sit like the mannequins
of school-children

whose destruction,
like a lecture, is postponed.

Похвала

> *...но однажды сквозь полузакрытые ворота*
> *мы видим желтый свет лимонов*
> *холод тает в наших сердцах, и глубоко внутри*
> *золотые трубы солнечного света*
> *льют свои песни.*
>
>   Монтале

Дорогой близнец, время провести меня за руку
по улицам твоего города;
мои дни, твои голуби, сражаются за крошки хлеба —

*

Ночью женщина просит рассказать историю со счастливым концом.
Я такой не знаю. Беглец,

я направляюсь домой и становлюсь привидением,
ищущим свои прежние дома. Говорят —

отец отца отца моего отца был принцем
который женился на еврейской девушке

против воли Церкви и воли его отца и
отца его отца. Он стремится потерять

и теряет все: имущество, корабли,
но прячет свое кольцо (обручальное кольцо), кольцо,

которое отец передал моему брату, затем отобрал.
Передал, потом поспешно отобрал. В семейном альбоме

мы сидим, как манекены
школьников,

чье уничтожение,
как урок, откладывается.

*

Then my mother begins to dance, re-arranging
this dream. Her love

is difficult; loving her is simple as putting raspberries
in my mouth.

On my brother's head: not a single
gray hair, he is singing to his twelve-month-old son.

And my father is singing
to his six-year-old silence.

This is how we live on earth, a flock of sparrows.
The darkness, a magician, finds quarters

behind our ears. We don't know what life is,
who makes it, the reality is thick

with longing. We put it up to our lips
and drink.

*

I believe in childhood, a native land of math exams
that return and do not return, I see —

the shore, the trees, a boy
running across the streets like a lost god;

the light falls, touching his shoulder.
Where memory, an old flautist,

plays in the rain and his dog sleeps, its tongue
half hanging out;

for twenty years between life and death
I have run through silence: *in 1993 I came to America.*

*

Потом моя мать начинает танцевать, перестраивая
этот сон. Ее любовь

трудна; ее любить просто, как положить малину в рот.

На голове моего брата ни одного
седого волоса, он поет своему годовалому сыну.

И мой отец поет
своей шестилетней тишине.

Вот так мы, стайка воробьев, живем на земле.
Волшебник темнота находит место

у нас за ушами. Мы не знаем, что такое жизнь,
кто ее создает, реальность загустевает

от тоски. Мы подносим ее к губам
и пьем.

*

Я верю в детство, родину экзаменов по математике,
которая возвращается и не возвращается, я вижу:

берег, деревья, мальчик
бежит по улицам, как потерянный бог;

свет падает, касаясь его плеча.

Где память, старая флейтистка,
играет во время дождя, и его собака спит

с высунутым языком;
двадцать лет между жизнью и смертью

я бежал сквозь тишину: *в 1993-м я прибыл в Америку.*

*

America! I put the word on a page, it is my keyhole.
I watch the streets, the shops, the bicyclist, the oleanders.

I open the windows of an apartment
and say: I had masters once, they roared above me,

Who are we? Why are we here?
A lantern they carried still glitters in my sleep,

— in this dream: my father breathes
as if lighting a lamp over and over. The memory

is starting its old engine, it begins to move
and I think the trees are moving.

On the page's soiled corners
my teacher walks, composing a voice;

he rubs each word in his palms:
«hands learn from the soil and broken glass,

you cannot think a poem», he says,
«watch the light hardening into words».

*

>
> I was born in the city named after Odysseus
> and I praise no nation —
>
> to the rhythm of snow
> an immigrant's clumsy phrase falls into speech.
>
> But you asked
> for a story with a happy ending. Your loneliness
>
> played its lyre. I sat
> on the floor, watching your lips.
>
> Love, a one legged bird
> I bought for forty cents as a child, and released,

*

Америка! Я кладу это слово на страницу, оно — моя замочная скважина.
Я смотрю на улицы, магазины, велосипедиста, олеандры.

Я открываю окна в квартире
И говорю: однажды у меня были наставники, они кричали надо мной —

Кто мы? Почему мы здесь?
Фонарь, который они несли, все еще сверкает в моем сне,

— в этом сне: мой отец дышит,
будто зажигая лампу снова и снова. Память

заводит свой старый двигатель, начинает движение,
и мне кажется, что деревья перемещаются.

По выпачканным углам страницы
гуляет мой учитель, сочиняя речь;

он втирает каждое слово в свои ладони:
«Руки учатся у земли и разбитого стекла,

стихотворение нельзя подумать, — говорит он,
смотри за светом, затвердевающим в слова».

*

Я родился в городе, названном в честь Одиссея,
я не восхваляю никакую нацию —

в ритме снега неуклюжая фраза эмигранта
падает в речь.

Но ты просила
историю со счастливым концом. Твое одиночество

играло на лире. Я сидел
на полу, наблюдая за твоими губами.

Любовь, одноногая птица,
которую я купил ребенком за сорок центов и отпустил,

is coming back, my soul in reckless feathers.
O the language of birds

with no word for complaint! —
the balconies, the wind.

This is how, while darkness
drew my profile with its little finger,

I have learned to see past as Montale saw it,
the obscurer thoughts of God descending

among a child's drum beats,
over you, over me, over the lemon trees.

возвращается, моя душа в безрассудных перьях.
О, язык птиц,

без единого жалобного слова!
Балконы, ветер.

Вот так, пока темнота
рисовала мизинцем мой профиль,

я научился видеть прошлое, как его видел Монтале,
непостижимые мысли Бога опускаются

среди боя детского барабана
на тебя, на меня, на лимонные деревья.

CONTENTS

Author's Prayer 6

DANCING IN ODESSA

In Praise of Laughter 10
Maestro 12
Aunt Rose 14
My Mother's Tango 16
American Tourist 18
Dancing in Odessa 20

MUSICA HUMANA

Musica Humana [an elegy for Osip Mandelstam] 24
Musica Humana 40
A Toast 44

NATALIA

Natalia 48
Envoi 58

DEAF REPUBLIC

From the «Deaf Republic» manuscript:
   Be Courageous, We Said 62
   Wherein Sonya and Alfonso Drink in the Shower 64
   Alfonso Imagines his Child 66
   Elegy 68
   Lullaby 70
   Before Galya is Arrested 72
   The Prostitute's Song (from Sonya's Puppet Play) 74
Praise 76

СОДЕРЖАНИЕ

Молитва автора 7

ТАНЦУЯ В ОДЕССЕ

Похвала смеху 11
Маэстро 13
Тетя Роза 15
Танго моей матери 17
Американский турист 19
Танцуя в Одессе 21

MUSICA HUMANA

Musica Humana [элегия для Осипа Мандельштама].......25
Musica Humana 41
Тост...45

НАТАЛЬЯ

Наталья 49
Посланник 59

СТРАНА ГЛУХИХ

Из цикла «Страна глухих»:
Будьте храбрыми, сказали мы..................................63
Соня и Альфонсо пьют в душе 65
Альфонсо представляет своего ребенка 67
Элегия...69
Колыбельная 71
Перед арестом Гали..73
Песня проститутки (из Сониной пьесы для кукольного театра).........75
Похвала...77